は じ め に

　人生はたった一度です。仕事に打ち込むのもよし、趣味に打ち込むのもよいでしょう。そのためには、何より「安全」「健康」でなければエンジョイできません。

　「今まで一度もケガをしたことがないから、これからも大丈夫」「風邪ひとつひいたことはないから、健康そのものだ」。はたしてそう言い切れるでしょうか。それは、偶然が重なって事故に遭わなかっただけかもしれません…。また、体は健康でも心の中は病んでいるかもしれません…。だからといって、いつ危険な目に遭うのだろう、いつ病気にかかるのだろうなどと、ビクビクする必要はまったくありません。

　会社は皆さんの安全や健康を守るため、一所懸命快適な職場づくりに努力していますが、同時に皆さんの努力も必要なのです。一番大切なのは、働く者一人ひとりが、危険をいち早く察知する能力を身に付け、積極的に、生きがいや働きがいといった意欲を、自分なりに持つことです。そうすることによって、きっと「今、充実した生活を送っている」と胸を張って言えることでしょう。

　この冊子は、初めて職場に入った皆さんが、どうしたら職場での生活を安心して送れるのか、イラストを中心に楽しくまとめてあります。楽しく安全衛生を学びましょう。

もくじ

"達人"の条件とは？

武術の達人は、無意識のうちに相手の攻撃をかわし、反撃に転じます。
これは「心・技・体」がそろっているからです。安全衛生も同じで、生活のあらゆる場面で危険を察知し、無意識的に身を守る行動をとれれば、あなたも安全衛生の"達人"といえるでしょう。

「作業手順」は安全衛生の心臓部

「作業手順」は、だれもが一定の品質と生産性を確保しながら、安全で健康的な作業ができるよう定められたルールです。

●作業を始める前に、作業手順書を確認しよう

●作業手順は勝手に変更してはいけません

●作業手順を守らない人には、勇気を出して注意しよう

●作業手順書を見終わったら、必ず元に戻そう

点検に「まっ、いっか…」はタブー

早期発見・早期治療とは、病気予防のことだけではありません。機械や設備、手工具などは毎日、作業前に点検を行いましょう。

●指名された人が行う

●チェックシートを活用する

●点検に「まっ、いっか…」は許されません。どんな小さな
　不具合も必ず上司に報告しましょう

生かそうアイデア！
〜4Sで快適な職場に〜

　4Sとは、整理・整頓・清掃・清潔の頭文字です。みんなのアイデアで、気持ちのよい職場をつくりましょう。

整理
いるものといらないものを区別し、いらないものは思い切って処分しよう

整頓
使いやすいか。品物と表示が一致しているか

清掃
棚の上や足元・裏など、見えにくい個所のほこりも入念に。床や手工具が汚れたら、すぐに拭きとろう

清潔
身だしなみをきちんと。鏡を使ってぬかりなく

ゴミは分別とともに去りぬ

「再利用できるか、燃えるか、燃えないか…」。いらないものを捨てるときは、常に分別を考えましょう。

不名誉な表彰台はもういらない

死傷災害が多いのは、(1)転倒　(2)墜落・転落　(3)はさまれ・巻き込まれ
です。あなたも不名誉なトップ・スリーに入らないようにしましょう。

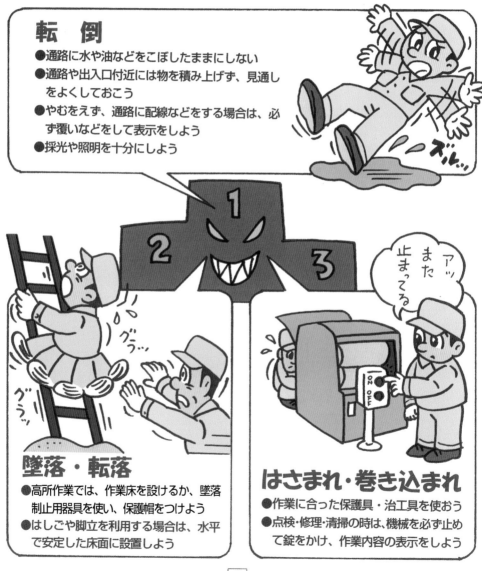

転　倒
- ●通路に水や油などをこぼしたままにしない
- ●通路や出入口付近には物を積み上げず、見通し
　をよくしておこう
- ●やむをえず、通路に配線などをする場合は、必
　ず覆いなどをして表示をしよう
- ●採光や照明を十分にしよう

墜落・転落
- ●高所作業では、作業床を設けるか、墜落
　制止用器具を使い、保護帽をつけよう
- ●はしごや脚立を利用する場合は、水平
　で安定した床面に設置しよう

はさまれ・巻き込まれ
- ●作業に合った保護具・治工具を使おう
- ●点検・修理・清掃の時は、機械を必ず止め
　て錠をかけ、作業内容の表示をしよう

安全に遠慮はいらない
～ホンネで臨もうミーティング～

ミーティングでは、作業の段取りや手順などを確認し、「あの時、言っておけばよかった…」と後悔しないよう、遠慮せずに発言をしましょう。

● はっきりと、かつ要点を簡潔に話そう

● 他人の話の批判はよそう

● 重要な指示は必ず復唱しよう

● 時間を守ろう

質問！

オアシスとホウ・レン・ソウって？

●すすんでオアシスしよう

「**オ**ハヨウゴザイマス」「**ア**リガトウゴザイマス」「**シ**ツレイシマス」「**ス**ミマセン」の頭文字をとってオアシスと呼んでいます。

あいさつで気持ちよく1日を過ごしましょう。恥ずかしければ、会釈や気さくな言葉からでも始めてみましょう。

●ホウ・レン・ソウで　よいコミュニケーションを

「わからない」「うまくいかない」「イライラする」「心配だ」…。

「**報告**」「**連絡**」「**相談**」があれば、ムリ・ムダ・ムラなく仕事ができます。

職場のおしゃれはほどほどに

職場でもファッションセンスを忘れないことは、よいことです。しかし、度が過ぎると、思わぬ危険に遭遇します。職場の身だしなみは節度を守りましょう。

●作業服の袖口・裾・襟元・ボタンなどはきちんと締めよう。作業帽や作業靴もしっかりとね。

保護具はあなたの守り神

保護具は体の一部です。目的に合ったものを正しく使う習慣をつけましょう。

- ●使い終わったら、決められた場所に保管し、いつも清潔に保とう
- ●破損しているものは、すみやかに修理・交換しよう

- ●勝手な判断で、用途外のものを使ったり、外すのはやめよう
- ●責任者を定め、定期点検をしよう

「軽い、軽い!!」は、ケガのもと

こんなことにならないように、
以下の注意を守りましょう。

≪荷の運搬のポイント≫

●重い物の移動はできるだけ台車などを使おう

●荷を持ち上げるときは、こんな感じで
片足を前に出し、ひざを曲げてしゃがむように抱え、この姿勢でひざを伸ばす

見えないから要注意。電気を侮るな

パチッという静電気や低電圧だから大丈夫、というのは大きな間違いです。見えない電気には細心の注意をはらいましょう。

●汗や水で濡れた手で、電気機器や配線には絶対に触らない

電気用手袋を着けて

●決められた絶縁用保護具を使おう

●異常があれば、すぐ上司に報告し、後は有資格者に任せよう

アースOK!

●アースや感電防止用漏電しゃ断器をきちんと取り付けよう

サインの見落としは即アウト！
～「標識」ある所には何かがある～

安全衛生標識は、インテリアとは違います。標識は必ず何かを警告しています。標識を常に意識して、災害を防止しましょう。

足元注意
WATCH YOUR STEP

身振り手振りで伝えよう。合図・確認正確に

騒音の中やお互いに距離が離れて作業をしているときなど、"合図"は大切なコミュニケーションの手段です。

急停止

●作業前に必ず合図を全員で確認しよう

上げて

OK!

●合図で相手に意思がきちんと伝わったか、その都度確認しよう

寿命が縮む？ 危ない腕伸び・ノーベルト

ちょっといいですか？車の運転席に座ったらまず何をしますか？

まずエンジンをかけるね。それから…と、髪を整えるな！

まずシートの調節。腕伸び姿勢は死角が多く、ペダル操作が不十分になります。

○

×

これでは話になりませんよね

次にシートベルト。大きなたるみは緊急時には首を締めつけることになりますよ

ゆる ゆる〜

キキーッ

うげっ

反省

…

火のない所にも煙はたつ

火が消えたからといって安心してはいけません。余熱で自然発火するケースもあるのです。

●油が染み込んでいるものは十分冷やし、放熱性のよいふたのある不燃性の容器に入れよう

●火や熱を使用する設備を使った後は、必ず電源を切ろう

●タバコの吸い殻は専用の不燃性容器にまとめよう

「あっ、大地震だ！」そのときどうする？

1

火を消して出口を確保
そんな余裕がないときは"2"を優先

2

机の下に潜る。最初の60秒
でなんとか落ち着こう

3

あわてて外に飛び出さない。
周りの状況をよく見極めよ
う。暗い方へは進まない

そこに人がいる以上、換気が必要です

汚れた空気は、頭痛やイライラを引き起こします。こまめに部屋の空気を入れ替えましょう。

●局排装置や換気扇などを
　積極的に回し、そこから
　離れた窓や扉を開けよう

よい空気

悪い空気

●空調装置などの吸込口や
　吹出口の近くには、物を
　置かないようにしよう

酸素の大切さを再認識しよう

タンク、汚水・排水処理槽、サイロなど、酸素欠乏の危険場所に入るときは、次のことを守りましょう。

- 立ち入る前に必ず空気中の酸素濃度や硫化水素濃度を測って、安全を確認しよう
- 内部を見渡せる場所に監視人を置き、複数で作業しよう
- 転落する恐れがある場合は、墜落制止用器具等をつけて入ろう

- 酸素が 18％未満のときは、空気呼吸器等をつけよう

- 作業中は常に酸素濃度 18％以上、硫化水素濃度 10 ㎩以下を保つよう換気をしよう

怖いぞ、有機溶剤

有機溶剤は呼吸器や皮膚から体の中に入ります。体に入ると麻酔作用で意識を失ったり神経まひに陥る危険性があります。また、揮発性の高いものが多く、引火の恐れもあります。慣れから気軽に扱わないようにしましょう。

●液をこぼしたり、衣服などにつけないようにしよう

●使った後は、容器にふたをしよう

●火気を近づけない

●決められた保護具（防毒マスク、送気マスク、化学防護服、化学防護手袋、化学防護長靴など）をつけよう

●局所排気や全体換気をしよう

調子がよければなおさら受けよう！健康診断

健康診断は、ただ病気を発見するためのものではありません。自分の体のリズムを知り、将来の健康予測に役立つものです。

●問診には正直に答え、結果が気になったら
　産業医やかかりつけの医師に相談しよう

照明チェックで快適空間をつくろう

作業場やオフィスが暗かったり、光にムラがあったりすると、目が疲れます。快適に仕事をするために、次のことを心がけましょう。

●自然光や自然光に近い照明を使おう

●手元暗がりや極端な暗がりをつくらないように

●照明器具は定期的に掃除をしよう

疲れない情報機器作業のコツ

パソコン等を使う情報機器作業がますます増えています。疲れを減らし能率を高めるために、次のことを守りましょう。

- ●1回の連続した作業は1時間を超えない。その時間内に1、2回小休止をとろう
- ●休憩時間には、体操で体を動かそう
- ●ディスプレイやキーボードの位置、照明、採光、机・椅子の高さは適正に
- ●画面と原稿は同じ高さに
- ●画面と、目との距離は40cm以上に

ねじる　　　のびる　　　曲げる

ストレスって悪者なの？
〜ストレスと共生しよう〜

適度なストレスは、気持ちを引き締めて作業能率を上げます。ちょっとたまったかな…と思ったら、自分に合った運動や趣味でうまく発散させましょう。

生活にリズムをきざもう

動き過ぎても動かな過ぎても、疲れはたまってしまいます。自分の仕事の時間や種類に合った休み方をしましょう。

●こんな疲労回復法はいかがでしょう

「寝る」
昼休みの休養も効果があります

「動く」
ストレッチや軽いスポーツで汗をかく

「入浴する」
38-40度の湯に13分ほど入浴。運動や帰宅後は1時間、食後は1時間半ほどたってから入ろう。飲酒後は酔いがさめるまで待とう

気をつけたい 酒・タバコ・外食

酒

●週に2日はアルコールを抜こう

●食べながら飲もう

●時や場所をわきまえて吸おう

タバコ

●何人かで、禁煙にチャレンジ
　してみよう

外食

●朝食はきちんと食べよう

●丼物よりも定食を食べよう

たかがカゼ、されど風邪

深酒、睡眠不足、栄養の偏り、冷暖房の効き過ぎ、部屋の乾燥、過度の厚着や極端な薄着

こんな生活が続いているあなた!?
風邪に要注意です。
適度な運動やうがいを励行しましょう。

死ぬまで一緒 歯は命

歯は健康のバロメーター。職場でも歯ブラシを常備し、毎食後のブラッシングを習慣化しましょう。

●歯と歯の間の凹みに毛先をうまく入れる
●歯と歯の間を磨くときは、糸ようじなどを使う
●歯並びの悪い人は、毛束（けたば）の少ないブラシを用意しよう

SOS!
ーわたしにもできる救急法ー

事故や災害が発生した場合、救命のためには居合わせた人の一次救命処置（心肺蘇生とAED（自動体外式除細動器））が大切です。万が一の場合に備えて実施できるようにしておきましょう。

倒れている人を発見して、反応がなかったら

（1）周囲の安全を確認する
（2）大声で周囲に協力を求める
（3）119番通報→通信司令員の指示に従う
（4）AED依頼

通信司令員の指示に従い、心停止している場合は胸骨圧迫を行う

運動を習慣化しよう

「継続は力なり」。1年を通じて、自分の体に負担の少ない運動を続けましょう。

- ●通気がよく、汗を吸収する服装で行おう
- ●準備運動・整理運動を忘れないようにしよう
- ●運動前後、運動中は、水分をしっかり補おう

見る・みる 職場の安全衛生

平成 8 年 4 月19日	第 1 版第 1 刷発行	
平成13年12月10日	第 2 版第 1 刷発行	
平成20年 4 月30日	第 3 版第 1 刷発行	
令和 3 年12月20日	第 4 版第 1 刷発行	
令和 6 年 2 月29日	第 2 刷発行	

発行者／平山 剛　　　発行所／中央労働災害防止協会

〒108-0023　東京都港区芝浦 3-17-12　　電話 販売 03（3452）6401
　　　　　　吾妻ビル 9 階　　　　　　　　　　編集 03（3452）6209

印刷・製本／株式会社丸井工文社

デザイン／d-CAT　イラスト／サダイエ ノブオ

乱丁・落丁本はお取り換えいたしますⒸ JISHA 2021

中災防ホームページ https://www.jisha.or.jp/

21533-0402　定価 440 円(本体 400 円＋税 10%)

ISBN978-4-8059-2032-9 C3060 ¥400E